Ankje Daum

Window Color
rund & bunt

SEIT MEHR ALS 30 JAHREN STEHT DER NAME „CHRISTOPHORUS" FÜR KREATIVES UND KÜNSTLERISCHES GESTALTEN IN FREIZEIT UND BERUF. GENAUSO WIE DIESER BAND DER BRUNNEN-REIHE IST JEDES CHRISTOPHORUS-BUCH MIT VIEL SORGFALT ERARBEITET: DAMIT SIE SPASS UND ERFOLG BEIM GESTALTEN HABEN – UND FREUDE AN SCHÖNEN ERGEBNISSEN.

© 1999 Christophorus-Verlag GmbH
Freiburg im Breisgau

Alle Rechte vorbehalten -
Printed in Germany
ISBN 3-419-56078-8

Jede gewerbliche Nutzung der Arbeiten und Entwürfe ist nur mit Genehmigung der Urheberin und des Verlages gestattet. Bei Anwendung im Unterricht und in Kursen ist auf diesen Band der Brunnen-Reihe hinzuweisen.

Lektorat: Maria Möllenkamp, Freiburg
Styling und Fotos: Roland Krieg, Waldkirch
Umschlaggestaltung: Network!, München
Produktion: Print Production, Umkirch
Druck: Freiburger Graphische Betriebe, 1999

Inhalt

- 3 WINDOW COLOR RUND & BUNT
- 4 GRUNDANLEITUNG
- 5 TIPS & TRICKS

- 6 BLÜTENZAUBER
- 8 REGENBOGEN
- 10 WEIHNACHTEN
- 11 STERNENKREIS
- 12 MOBILES & DREHBILDER
- 13 MOBILE BLAU-WEISS
- 14 BLUMENRINGE
- 16 SCHIFFCHEN
- 18 BLUMENPRACHT
- 20 SO GEHT'S
- 21 MOBILE IN KUH-DESIGN
- 22 GÄNSE
- 23 SCHIRME
- 24 GLÜCKSMANDALA
- 25 GLÜCKSKÄFER
- 26 ROSETTEN
- 28 MANDALAS
- 30 GEISTERZEIT

Window Color rund & bunt

Mit Glas Design, auch Window Color genannt, entstehen wunderschöne, transparente Bilder fürs Fenster. Hier stelle ich Ihnen neue Motive mit Mandalas vor. Das sind Kreisformen, die in verschiedenen Mustern bunt ausgemalt werden.
Window-Color-Farben sind ganz einfach zu handhaben: Die Kontur wird direkt aus der Flasche auf Folie aufgetragen. Nach dem Trocknen werden die Innenflächen – auch aus der Farbflasche – ausgemalt. Tolle Effekte entstehen durch Ineinanderziehen von zwei oder mehreren Farben. Zusätzlich können Glaskügelchen in die nasse Farbe gestreut werden. Auch Mobiles und Drehbilder mit Glas Design wirken am Fenster sehr effekvoll. Hier wird das Motiv auf fester Folie (auch als Windradfolie bezeichnet) angebracht und ausgeschnitten.

Viel Spaß beim Malen wünscht Ihnen

Aukje Daum

Grundanleitung

❶ Das Motiv unter eine durchsichtige Folie legen. Die Konturen mit Konturenfarbe direkt aus der Flasche auftragen. Auf der Folie ansetzen und gleichmäßig auf die Flasche drücken. Wenn Farbe austritt, die Spitze etwa 1 cm hoch halten und mit gleichmäßigem Druck die Linie nachfahren. Je höher Sie das Fläschchen halten, desto dünner wird die Linie. Die Konturen lückenlos auftragen. Etwa acht Stunden trocknen lassen.

❷ Die einzelnen Flächen ausmalen. Auch hier wird direkt mit dem Fläschchen gemalt. Einen dicken Farbklecks auftragen und die Farbe mit der Tubenspitze oder einem Zahnstocher verteilen. Nach dem Trocknen (etwa 24 Stunden) werden die Farben transparent und leuchtend. Danach kann das Bild von der Folie abgezogen und am Fenster angebracht werden.

Tips & Tricks

- Die Folien, auf denen gemalt wird, müssen aus Polypropylen (PP) oder Polyethylen (PE) sein. Von anderen Folien läßt sich das Motiv nicht mehr ablösen.
- Die Farbe nicht zu dünn auftragen, sonst kann das Bild zerreißen, wenn es von der Folie abgezogen wird.
- Die Farben der Innenflächen dicht an die Kontur malen, damit keine Löcher entstehen und das Bild beim Ablösen nicht reißt.
- Das Bild gut trocknen lassen.
- Mißlungene Teile mit einem Cutter oder einer Schere abschneiden.
- Größere Luftblasen, die während des Malens entstehen, mit einer Nadel aufstechen, oder von unten gegen das feuchte Bild klopfen.
- Farbe, die zuviel aufgetragen wurde, mit einem Wattestäbchen entfernen.
- Farben mit Kristallklar oder Pastellweiß aufhellen.
- Beim Malen den Arm nicht abstützen, sondern frei bewegen.
- Glaskügelchen direkt in die nasse Farbe streuen.
- Bordüren können dem Fenster angepaßt werden, indem man die Vorlage immer neu anlegt und so verlängert.

Mobiles und Drehbilder

Hier wird das mit Glas Design gemalte Bild nach dem Trocknen auf transparente Windradfolie aufgezogen und mit einer Schere oder einem Cutter ausgeschnitten (siehe auch Anleitung Seite12).

Blütenzauber

K o n t u r e n
◆ Bleifarbig

F a r b e n
◆ Sonnengelb
◆ Rubinrot
◆ Royalblau
◆ Maigrün

V o r l a g e   A

K o n t u r e n
◆ **Bleifarbig**

F a r b e n
◆ **Sonnengelb**
◆ **Orange**
◆ **Jeansblau**

V o r l a g e B

Regenbogen

Sonne im Regenbogen

K o n t u r e n
- Bleifarbig

F a r b e n
- Kristallklar
- Goldgelb
- Sonnengelb
- Orange
- Rubinrot
- Royalblau
- Violett
- Maigrün

Z u s ä t z l i c h
- transparente Windradfolie, farblos, 0,4 mm
- transparente Glaskügelchen
- Perlen in Rot, Gelb
- Nylonfaden

V o r l a g e C

Anleitung
Seite 12, 20

Mandala
Regenbogen

Konturen
◆ **Bleifarbig**

Farben
◆ **Kristallklar**
◆ **Schneeweiß**
◆ **Sonnengelb**
◆ **Kirschrot**
◆ **Royalblau**
◆ **Violett**
◆ **Maigrün**

Vorlage D

Anleitung Seite 20

Weihnachten

Konturen
- Bleifarbig

Farben
- Kristallklar
- Rubinrot
- Maigrün
- Glitzer-Gold

Vorlage E

Sternenkreis

Konturen
◆ Bleifarbig

Farben
◆ Sonnengelb
◆ Royalblau
◆ Glitzer-Gold

Zusätzlich
◆ transparente Windradfolie, farblos, 0,4 mm
◆ Perlen in Blau, Gelb
◆ Nylonfaden

Vorlage F

Anleitung Seite 12

Mobiles & Drehbilder

Mobile Blau-Weiß

Konturen
◆ Bleifarbig

Farben
◆ Kristallklar
◆ Schneeweiß
◆ Diamantblau
◆ Royalblau

Zusätzlich
◆ transparente Windradfolie, farblos, 0,4 mm
◆ Perlen in Blau, Weiß
◆ Nylonfaden
◆ 9 Rohholzkugeln, gebohrt, 2 cm ⌀
◆ Rundholzstäbe, 4 mm ⌀

Vorlagen
G1 bis G7

❶ Die gemalten Bilder auf transparente Windradfolie aufziehen und mit einer Schere oder einem Cutter ausschneiden. Einen stabilen Nylonfaden an der Rückseite der Bilder mit einem Klebestreifen anbringen und zusätzlich mit Sekundenkleber fixieren, da die Teile sehr schwer sind. Oder ein kleines Loch in das Bild bohren und den Faden durchziehen und verknoten.

❷ Die Rundholzstäbe in der gewünschten Länge kürzen und mit einer entsprechend vorgebohrten Holzkugel zu einem Kreuz zusammenfügen. In die Mitte der Kugel ein 1,5 mm großes Loch für die Aufhängung bohren. Die Holzstäbe in Natur belassen oder anmalen. Auf das Ende der Holzstäbe kleine Holzkugeln stecken.

❸ Verschiedene Holzperlen auf Nylonfaden fädeln und das Ende an den Mobilestangen verknoten. Den restlichen Nylonfaden wieder zurückfädeln. Auf den gegenüberliegenden Seiten muß die Anzahl der Perlen gleich sein, damit das Mobile nicht schief hängt.

Bei den Drehbildern werden die Holzperlen ebenfalls auf Nylonfaden gefädelt und mit Klebstreifen am Bild und am Rahmen befestigt. Die Aufhängung zusätzlich mit Heißkleber fixieren.

Mobile Blau-Weiß

Da diese Mandalas unterschiedlich schwer sind, beim Aufhängen der Bilder an den Stäben ein wenig variieren, um das Gleichgewicht zu halten.

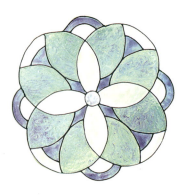

Blütenringe

Konturen
- Bleifarbig

Farben
- Schneeweiß
- Moosgrün
- Maigrün

Zusätzlich
- transparente Windradfolie, farblos, 0,4 mm
- Perlen in Weiß, Grün
- Nylonfaden

Vorlage H

Anleitung Seite 12

K o n t u r e n
◆ Bleifarbig

F a r b e n
◆ Kristallklar
◆ Schneeweiß
◆ Sonnengelb
◆ Royalblau

Z u s ä t z l i c h
◆ transparente Windradfolie, farblos, 0,4 mm
◆ Perlen in Blau, Gelb
◆ Nylonfaden

Vorlage H, J

Anleitung Seite 12

Schiffchen

Konturen
- Bleifarbig

Farben
- Schneeweiß
- Sonnengelb
- Bernstein
- Rubinrot
- Diamantblau
- Nachtblau
- Moosgrün
- Schwarz
- Hellbraun
- Orange

Zusätzlich
◆ transparente Windradfolie, farblos, 0,4 mm
◆ Perlen in verschiedenen Farben
◆ Nylonfaden

Vorlagen
K, L, M

Anleitung
Seite 12, 20

Blumenpracht

K o n t u r e n
- Bleifarbig

F a r b e n
- Jeansblau
- Schneeweiß
- Kristallklar

V o r l a g e A

Jeansblau mit
Kristallklar
mischen.

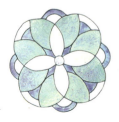

K o n t u r e n
◆ **Bleifarbig**

F a r b e n
◆ **Sonnengelb**
◆ **Rubinrot**
◆ **Moosgrün**
◆ **Rehbraun**

V o r l a g e B

Mobile im Kuh-Design

So geht's

Konturen
- Bleifarbig

Farben
- Schneeweiß
- Koralle
- Rubinrot
- Rehbraun
- Schwarz

Zusätzlich
- transparente Windradfolie, farblos, 0,4 mm
- Perlen in Weiß, Schwarz
- Nylonfaden
- 4 Rohholzkugeln, gebohrt, 1 cm ⌀
- Rohholzkugel, gebohrt, 2 cm ⌀
- Rundholzstäbe, 4 mm ⌀

Vorlagen
N1, N2

Anleitung Seite 12

Sonne im Regenbogen
Abbildung Seite 8

Die Farben in dem Regenbogen nebeneinander malen und mit einem Zahnstocher ineinanderziehen. Transparente Glaskügelchen in die frische Farbe streuen.

Mandala Regenbogen
Abbildung Seite 9

Die Farben nebeneinandermalen und mit einem Zahnstocher ineinanderziehen.

Schiffchen
Abbildung Seite 16/17

In die Wellen weiße Tupfen malen und mit einem Zahnstocher verziehen. In den braunen Stamm der Palme schwarze Streifen ziehen.

Glücksmandala
Abbildung Seite 24

Mit Hellbraun kleine Tupfen in die frische Farbe der Hufeisen malen. Die Punkte der Pilze mit weißer Konturenfarbe gestalten.

Gänse

Konturen
◆ Bleifarbig

Farben
◆ Schneeweiß
◆ Sonnengelb
◆ Royalblau
◆ Orange
◆ Schwarz

Vorlagen
01, 02

Schirme

Konturen
- Bleifarbig

Farben
- Kristallklar
- Schneeweiß
- Goldgelb
- Kirschrot
- Diamantblau
- Schwarz

Zusätzlich
- transparente Glaskügelchen

Vorlagen
P1, P2

Glücksmandala

K o n t u r e n
- Bleifarbig
- Reinweiß

F a r b e n
- Schneeweiß
- Sonnengelb
- Koralle
- Bernstein
- Rubinrot
- Moosgrün
- Hellbraun
- Schwarz

V o r l a g e n
Q1, Q2

Anleitung Seite 20

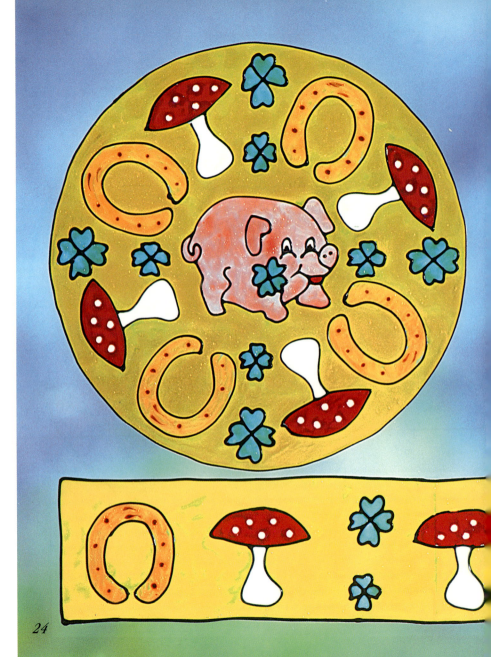

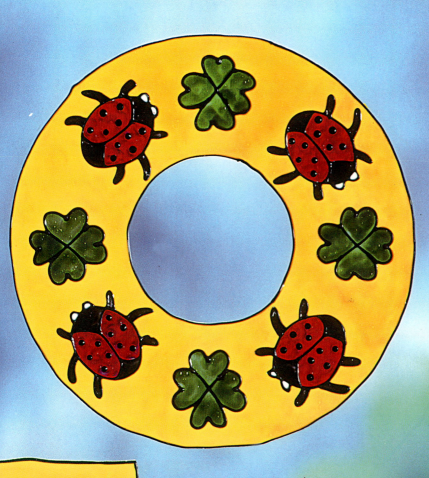
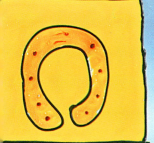

Glückskäfer

K o n t u r e n
◆ Bleifarbig

F a r b e n
◆ Schneeweiß
◆ Goldgelb
◆ Rubinrot
◆ Maigrün
◆ Schwarz

V o r l a g e R

Rosetten

Konturen
- Bleifrabig

Farben
- Sonnengelb
- Magenta
- Nachtblau
- Maigrün
- Kristallklar

Zusätzlich
- grüne Glaskügelchen

Vorlage S

Konturen
◆ Bleifarbig

Farben
◆ Kristallklar
◆ Magenta
◆ Orange
◆ Maigrün

Vorlage T

Mandalas

<u>Konturen</u>
◆ Bleifarbig

<u>Farben</u>
◆ Orange
◆ Türkis
◆ Diamantblau

<u>Vorlage</u> U

K o n t u r e n
◆ **Bleifarbig**

F a r b e n
◆ **Sonnengelb**
◆ **Rubinrot**
◆ **Maigrün**
◆ **Royalblau**

V o r l a g e V

Geisterzeit

Konturen
◆ Bleifarbig

Farben
◆ Schneeweiß
◆ Sonnengelb
◆ Kirschrot
◆ Nachtblau
◆ Olivgrün
◆ Dunkelgrau
◆ Schwarz
◆ Rehbraun

Zusätzlich
◆ transparente Glaskügelchen

Mobile
◆ transparente Windradfolie, farblos, 0,4 mm
◆ Perlen in Blau, Weiß, Dunkelbraun
◆ Nylonfaden
◆ 9 Rohholzkugeln, gebohrt, 2 cm ⌀
◆ Rundholzstäbe, 4 mm ⌀

Vorlagen
W1 bis W4

Anleitung Seite 12

Neben dieser Auswahl aus der Brunnen-Reihe haben wir noch viele andere Bücher im Programm:

Hobby- und Bastelbücher, Bücher zum Spielen und Lernen mit Kindern, Ratgeber-Bücher für Eltern

Wir informieren Sie gerne - fordern Sie einfach unsere neuen Prospekte an.

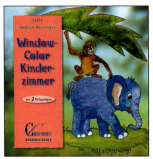
3-419-56031-1

3-419-56035-4

3-419-56036-2

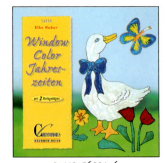
3-419-56034-6

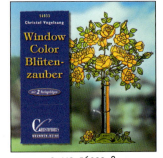
3-419-56033-8

Wir sind für Sie da, wenn Sie Fragen zu AutorInnen, Anleitungen oder Materialien haben. Und wir interessieren uns für Ihre eigenen Ideen und Anregungen. Faxen, schreiben Sie oder rufen Sie uns an. Wir hören gerne von Ihnen! Ihr Christophorus-Verlag

CHRISTOPHORUS
Bücher mit Ideen

Hermann-Herder-Str. 4 / 79104 Freiburg i. Breisgau   Tel: 0761/2717-0 oder Fax: 0761/2717-352